Barbara Kalk

FROGGY

& seine Freunde

Pompon-Ideen
für Kinder

GRAF SCHLAPPOHR

(Abbildung Seite 1)

Motivhöhe

ca. 19 cm

Material

- Je 2 Pappringe, ø 8 cm/3 cm und ø 5,5 cm/2,5 cm
- Wolle in Beige, Apricot und Rot
- 2 Wackelaugen mit Wimpern, ø 10 mm
- Chenilledraht in Hellbraun und Schwarz
- Plüschpompon, ø 7 mm, in Violett
- 2 ovale Moosgummistanzteile, 5,5 cm lang, in Gelb
- Herz in Natur (Holzstreuteil)
- Bastelfarbe in Lila

Bastle einen großen Pompon in Beige und einen kleinen in Apricot. Befestige die Pompons aneinander.

Klebe Wackelaugen, Plüschpomponnase, etwas rote Wolle als Mund und die Moosgummiohren an. Bemale das Herz lila und lasse die Farbe trocknen. Klebe das Herz auf den Körper.
Für die Arme schneidest du zwei je 11 cm lange Chenilledrahtstücke in Hellbraun, für die Beine zwei je 14 cm lange Chenilledrahtstücke in Schwarz zu. Biege als Hand und Fuß je eine Schlaufe an ein Drahtende und verzwirbele es. Klebe die Arme und die Beine entsprechend der Abbildung in den Pompon ein.

Die Autorin dankt der Firma Rayher Hobby GmbH, Laupheim, für die freundliche Unterstützung.

Fotos: frechverlag GmbH, 70499 Stuttgart; Kalk Fotodesign, Soltau

Auflage: 5. 4. 3. 2. 1. | Letzte Zahlen
Jahr: 2007 2006 2005 2004 2003 | maßgebend

frechverlag GmbH, 70499 Stuttgart
Druck: frechdruck GmbH, 70499 Stuttgart

ISBN 3-7724-3142-9 · Best.-Nr. 3142

Kuschelige Pompon-Welt

FROGGY & seine Freunde sind farbenfroh, frech, fröhlich und ganz besonders kuschelig, weil sie aus flauschigen Wollpompons gemacht sind. Das geht kinderleicht und macht Riesenspaß!

FROGGY & seine Freunde erklärt dir im Buch ganz genau, wie er und natürlich wie Pompons gebastelt werden. So kommen das katzenäugige Monster Pinky, ein frecher, cooler Kobold und Käpt'n Kuschel, der Außerirdische, zu dir nach Hause. Oder du bastelst für deinen Freund, der so ein gutes Gedächtnis hat, den Elefanten Emil und für deine Freundin, die ganz mutig ist, einen kleinen Löwen. Wetten, dass sie sich ganz doll freuen werden?

FROGGY & seine Freunde wünschen dir viel Spaß beim Basteln!

Folgende Hilfsmittel und Werkzeuge solltest du zur Hand haben

- Zirkel
- Pappe
- Schere
- Klebstoff
- Bleistift

POMPONBASTELN SCHRITT FÜR SCHRITT

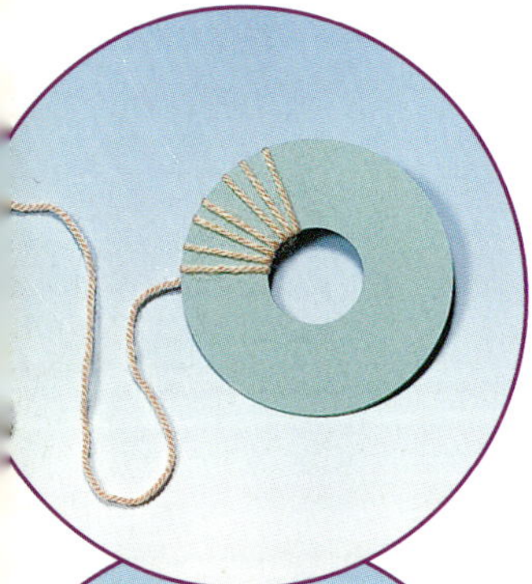

1. Pappringe herstellen

Zeichne mit dem Zirkel um denselben Mittelpunkt zwei Kreise. Die jeweils benötigten Durchmesser des inneren und äußeren Kreises findest du bei den Anleitungen. Wenn da z.B. steht: „ø 8 cm/3 cm", dann bedeutet das, dass der äußere Kreis einen Durchmesser von 8 cm und der innere Kreis einen Durchmesser von 3 cm hat. Schneide den Pappring aus. Stelle genauso einen zweiten Pappring her.

2. Mit Wolle umwickeln

Lege die beiden Pappringe deckungsgleich aufeinander und umwickle sie so lange mit Wolle, bis sich kein Faden mehr durchziehen läßt.

3. Fertiger Pompon

Schneide die Wolle am äußeren Rand der Pappringe rundherum auf. Lege einen Faden zwischen die Pappscheiben und verknote ihn. Entferne die Pappscheiben. Schneide den Pompon in Form.

Tipps

Schneide den Faden, mit dem du den Pompon zusammengeknotet hast, nicht ab. Du kannst ihn zum Verbinden von zwei Pompons verwenden. Dazu verknotest du die Fäden miteinander. Natürlich kannst du die Pompons auch einfach mit Klebstoff zusammenkleben.

Du kannst zum Malen der Pappkreise statt eines Zirkels auch runde Gegenstände verwenden. Zum Beispiel: Dosen, Gläser, Schraubdeckel usw.

Wenn deine Pappkreise anfangs noch etwas „eckig" sind, macht das nichts. Die Pompons werden ja rund in Form geschnitten.

HOPPEL

Bastle einen großen und einen kleinen Pompon in Apricot. Befestige den Kopf am Körper. Schneide drei je 9 cm lange Baststücke zu und verknote sie in der Mitte. Klebe den blauen Nasenpompon auf den Knoten. Fixiere die Barthaare und die Wackelaugen im Gesicht. Schneide vom orangefarbenen Wellenchenilledraht für jedes Ohr je zwei Wellen ab. Verzwirbele die dünnen Enden und zupfe die Ohren in Form. Schneide für jeden Arm eine Welle vom roten Chenilledraht ab und biege sie in der Mitte. Befestige die Ohren, die Plüschpomponbeine und die Arme mit Klebstoff.

Motivhöhe

ca. 14 cm

Material

- Je 2 Pappringe ø 8,5 cm/3 cm und ø 5,5 cm/2,5 cm
- Wolle in Apricot
- 2 Wackelaugen, ø 10 mm
- Plüschpompon, ø 10 mm, in Hellblau
- 2 Plüschpompons, ø 25 mm, in Gelb
- Bast in Grün
- Wellenchenilledraht in Orange und Rot

KÜKI, KUCKI UND KIKERIKI

Küken

Bastle pro Küken einen großen und einen kleinen gelben Pompon. Klebe sie übereinander. Biege für den Schnabel zwei je 1 cm lange Chenilledraht-Schlaufen. Befestige den Schnabel und die Wackelaugen mit Klebstoff am Köpfchen. Schneide für die Beine zwei je 6 cm lange und für die Füße zwei je 5 cm lange Chenilledrahtstücke zu. Verzwirbele die kurzen Stücke jeweils 2 cm vom Ende der langen Stücke und biege die Zehen hoch. Fixiere die Beine mit Klebstoff am Körper.

Hahn

Bastle einen großen und einen kleinen weißen Pompon. Befestige sie aufeinander. Schneide für den Schnabel ein 1,5 cm langes, spitz zulaufendes Stück aus dem orangefarbenen Wellenchenilledraht und für den Hahnenkamm drei je 2,5 cm lange, spitz zulaufende Stücke aus dem roten Wellenchenilledraht. Befestige Schnabel, Hahnenkamm und Wackelaugen mit Klebstoff am Kopfpompon. Biege für die Schwanzfedern je ein 20 cm langes rotes, gelbes und blaues Chenilledrahtstück in der Mitte. Umwickle die Biegestelle mit rotem Chenilledraht. Befestige die Schwanzfedern mit Klebstoff und biege sie in Form. Schneide für die Beine zwei je 6,5 cm lange und für die Füße zwei je 6 cm lange Chenilledrahtstücke zu. Verzwirbele die kurzen Stücke 3 cm vom unteren Ende der langen Stücke und biege die Zehen zurecht. Befestige die Beine mit Klebstoff am Körper.

Motivhöhe

ca. 8 cm (Küken) und 13 cm (Hahn)

Material pro Küken

- Je 2 Pappringe, ø 5,5 cm/2 cm und ø 3 cm/1,5 cm
- Wolle in Gelb
- 2 Wackelaugen, ø 10 mm
- Chenilledraht in Orange

Material Hahn

- Je 2 Pappringe, ø 8 cm/3 cm und ø 5,5 cm/2,5 cm
- Wolle in Weiß
- 2 Wackelaugen, ø 10 mm
- Chenilledraht in Rot, Gelb, Orange und Blau
- Wellenchenilledraht in Orange und Rot

Motivhöhe
ca. 9 cm

Material
- 2 Pappringe, ø 7 cm/3 cm
- Wolle in Gelb
- 2 Wackelaugen, ø 15 mm
- Wellenchenilledraht in Rot
- Chenilledraht in Blau
- Bast in Türkis
- Moosgummikreis, ø 10 mm, in Orange
- 4 Plüschpompons, ø 25 mm, in Schwarz

KITTY KATZE

Bastle einen gelben Pompon. Klebe die Wackelaugen auf. Schneide drei je 10 cm lange Baststücke als Schnurrhaare zu, verknote sie in der Mitte und klebe sie auf. Befestige über dem Knoten den Moosgummikreis. Lege die Katze auf den Rücken und klebe die schwarzen Plüschpomponbeine an der Unterseite an. Schneide vom roten Chenilledraht pro Ohr zwei Wellenstücke ab. Biege sie jeweils mittig und verzwirble die dünnen Enden miteinander. Befestige die Ohren entsprechend der Abbildung. Biege ein 12 cm langes blaues Chenilledrahtstück spazierstockförmig zurecht und klebe es als Schwanz an.

Tipp
Je dicker die Wolle, desto schneller ist ein Pompon fertig.

Motivhöhe

ca. 24 cm

Material

- Je 2 Pappringe, ø 8 cm/3 cm und ø 5,5 cm/ 2,5 cm
- Wolle in Rot
- 2 Wackelaugen, ø 10 mm, mit roten Pupillen
- Wellenchenilledraht in Rot und Schwarz
- Chenilledraht in Rot
- Plüschpompon, ø 25 mm, in Rot
- 2 Plüschpompons, ø 25 mm, in Schwarz
- Plüschfell oder Fransenwolle in Schwarz

SÜSSER TEUFEL

Bastle Kopf- und Körperpompon in Rot. Klebe den Kopf auf den Körper. Schneide pro Horn eine Welle aus dem schwarzen Chenilledraht. Biege ein 25 cm langes Stück roten Chenilledraht schneckenförmig zu zwei ovalen, spitz zulaufenden, ca. 4 cm langen Ohren. Klebe Hörner, Ohren, Wackelaugen und die rote Plüschpomponnase entsprechend der Abbildung auf. Schneide pro Arm und pro Bein zwei Wellen aus rotem Chenilledraht. Knicke den Draht jeweils in der Mitte und verzwirble die dünnen Enden. Schneide für die Finger pro Hand zwei je 5 cm lange rote Chenilledrahtstücke zu. Lege für die Finger jeweils zwei Drahtstücke pro Hand mittig auf ein dünnes Ende des Armes und knicke das Armende um die Fingermitte. Klebe die Arme rechts und links in den Körperpompon ein. Fixiere an jedem Bein einen schwarzen Plüschpompon und befestige die Beine. Schneide für den Schwanz ein 13 cm langes rotes Chenilledrahtstück zu, wickle ein Ende um ein schwarzes Plüschfell- oder Fransenwollebüschel und klebe das andere Ende hinten an den Körperpompon.

BÄRLI UND PETZ

Die Angaben in Klammern beziehen sich auf den hellbraunen Bären.

Bastle braune (hellbraune) Pompons für Kopf und Körper. Umwickle nur beim kleinen braunen Pompon eine Stelle mehrfach mit gelber Wolle. Verbinde Kopf und Körper. Befestige wie auf der Abbildung kleine rote Wollstücke als Schnauze. Klebe Nasenpompon und Wackelaugen auf. Drehe zwei braune (hellbraune) Chenilledrahtstücke zu Ohren mit je 4 cm Durchmesser und klebe sie auf den Kopf. Knipse mit dem Seitenschneider vom Figurendraht zweimal je 5 cm für die Arme und zweimal je 6,5 cm für die Beine ab. Umwickle Arme und Beine mit braunem (hellbraunem) Chenilledraht. Klebe die Plüschpompons entsprechend der Abbildung an Arme und Beine und klebe Arme und Beine am Bären fest. Fädle das Glöckchen auf bunte Wolle und binde es dem Bären um.

Motivhöhe

ca. 18 cm

Material pro Bär

- Je 2 Pappringe, ø 7,5 cm/3 cm und ø 5,5 cm/2,5 cm
- Wolle in Braun, Rot, Gelb und Pink (Hellbraun, Rot und Lila)
- 2 Wackelaugen, ø 10 mm
- Chenilledraht in Braun (Hellbraun)
- Plüschpompon, ø 7 mm, in Gelb (Violett)
- 2 Plüschpompons, ø 20 mm, in Blau (Gelb)
- 2 Plüschpompons, ø 25 mm, in Grün (Gelb)
- Figurendraht
- Seitenschneider
- Kleines Glöckchen, ø 15 cm

WILLI WITZIG

Motivhöhe
ca. 17 cm

Material
- Je 2 Pappringe, ø 8 cm/ 3 cm und ø 5,5 cm/2,5 cm
- Wolle in Rot, Brombeer und Apricot
- 2 Wackelaugen, ø 10 mm
- Chenilledraht in Lila
- Plüschpompon, ø 7 mm, in Schwarz
- 2 Plüschpompons, ø 20 mm, in Rot
- Strohhut, ø 7,5 cm
- 2 Holzschuhe, 35 mm lang
- 2 Holzhände, 25 mm lang
- Bastelfarbe in Orange und Hellblau

Bastle den großen Pompon aus brombeerfarbener und den kleinen aus apricotfarbener Wolle. Befestige den Kopf auf dem Körper. Klebe die Wackelaugen, die Pomponnase, den Wollmund und die Pomponohren entsprechend der Abbildung auf. Fixiere den Hut auf dem Kopf. Male die Schuhe orange und die Hände hellblau an. Sobald die Farbe getrocknet ist, klebst du in jede Hand ein je 7 cm langes Chenilledrahtstück. Befestige Arme und Beine mit Klebstoff am Körper.

Motivhöhe

ca. 16 cm

Material

- Je 2 Pappringe, ø 8 cm/3 cm und ø 5,5 cm/2,5 cm
- Wolle in Hellblau, Mittelblau, Lila, Rot und Hellgrün
- 2 Wackelaugen mit Wimpern, ø 25 mm
- Chenilledraht in Blau und Orange
- 2 Holzschuhe, 35 mm lang
- 2 Holzhände, 25 mm lang
- Bastelfarbe in Grün und Pink
- Dekosonnenblume, ø 4 cm

SONJA SONNENSCHEIN

Für den Körperpompon umwickelst du die großen Pappringe abwechselnd mit Wolle in Hellblau, Mittelblau und Lila. Den kleineren Kopfpompon bastelst du einfarbig in Lila. Befestige den Kopf auf dem Körper. Klebe Wackelaugen, Wollmund und die 2,5 cm lange Chenilledrahtnase an. Schneide ein Büschel je 20 cm langer Wollhaare zu, verknote sie in der Mitte und klebe sie auf den Kopf. Befestige die Blüte im Haar. Male die Schuhe grün und die Hände pink an. Nach dem Trocknen klebst du die Schuhe unten in den Pompon ein. Schneide vom blauen Chenilledraht zwei je 3 cm lange Stücke ab und fixiere sie mit Klebstoff in den Händen. Klebe die Arme seitlich in den Pompon ein.

Motivlänge

ca. 9 cm

Material pro Käfer

- Je 2 Pappringe, ø 5,5 cm/2,5 cm und ø 3 cm/1,5 cm
- Wolle in verschiedenen Farben (z.B. Hell- und Dunkelblau, Rot, Flieder, Violett etc.), Rot und Hellbeige
- 2 Wackelaugen, ø 10 mm
- Chenilledraht in Blau und Schwarz

BUNTE KÄFER

Bastle den kleinen Pompon in Hellbeige und den größeren aus Wolle in verschiedenen Farben. Befestige den Kopf am Körper. Schneide für die Fühler je 2,5 cm vom blauen Chenilledraht ab. Rolle jeweils ein Ende schneckenförmig und klebe die Fühler an den Kopf. Klebe ein kleines Stück rote Wolle als Mund und die Wackelaugen auf. Schneide für die Beinpaare drei je 12 cm lange Chenilledrahtstücke in Schwarz zu. Rolle die Enden schneckenförmig ein und befestige die Beine an der Unterseite des Käfers.

WITZIGE WICHTEL

Bastle mit den beiden größeren Pappringen jeweils Pompons in Blau, Pink oder Lila und mit den kleineren Ringen einen Pompon in Apricot. Klebe die Pompons entsprechend der Abbildung übereinander.
Das Filzquadrat rollst du zu einer Tüte, die du an der Naht mit Klebstoff zusammenklebst. Schneide die Tüte unten gerade ab und befestige sie auf dem Kopfpompon. Klebe dem Wichtel die Plüschpomponohren, die Nase, die Wackelaugen und einen Wattebart an.
Befestige rosa Plüschpompons als Händchen an den Chenilledraht-Armen (je 5 cm lang) und klebe die Arme an.

Motivhöhe

ca. 18 cm

Material pro Wichtel

- Je 2 Pappringe, ø 5,5 cm/2,5 cm, ø 4 cm/1,5 cm und ø 3,5 cm/1,5 cm
- Wolle in Apricot sowie Blau, Pink oder Lila
- 2 Wackelaugen, ø 5 mm
- Chenilledraht in Blau, Pink oder Lila
- Filz, 7 cm x 7 cm, in Rot, Hellgrün oder Gelb
- Plüschpompon, ø 7 mm, in Rosa
- Je 2 Plüschpompons, ø 10 mm, in Rosa sowie in Grün, Gelb oder Blau
- Watte

PINKY

Motivhöhe
ca. 27 cm

Material
- Je 2 Pappringe, ø 8 cm/3 cm und ø 5,5 cm/ 2,5 cm
- Fransenwolle in Rosa
- 2 Katzenaugen, ø 12 mm
- Chenilledraht in Pink und Gelb
- 2 Plüschpompons, ø 15 mm, in Rosa

Bastle Kopf- und Körperpompon. Umwickle für die Arme ein 50 cm langes Chenilledrahtstück und für die Beine zwei je 30 cm lange Stücke Chenilledraht mit Fransenwolle. Rolle die Arme an beiden Enden schneckenförmig ein und klebe sie oben auf den Körper. Fixiere darauf den Kopf. Rolle die Beine nur an einem Ende schneckenförmig zusammen und befestige sie unten am Körper. Biege 9 cm vom gelben Chenilledraht zu einer Ziehharmonika. Klebe den Mund, die Augen und die Plüschpomponohren mit etwas Klebstoff an.

Tipp
Schneide Pompons aus Fransenwolle nur wenig in Form. Dann sehen sie wilder aus.

Motivhöhe

ca. 27 cm

Material

- Je 2 Pappringe, ø 8,5 cm/3 cm und ø 6 cm/2,5 cm
- Wolle in Hellgrün
- 2 Wackelaugen, ø 20 mm
- Chenilledraht in Hellgrün und Rot
- 2 Wattekugeln, ø 20 mm, in Hellgrün

FROGGY

Bastle zwei grüne Pompons. Befestige den Kopf auf dem Körper. Klebe die Augen auf Wattekugeln und fixiere sie auf dem Kopf. Klebe 6 cm roten Chenilledraht als Maul auf. Knicke pro Arm einen grünen Chenilledraht in der Mitte. Forme für die Finger den Knick zu einer 3 cm langen Schlaufe. Biege gleichmäßig verteilt noch drei weitere Schlaufen. Verzwirbele jede Schlaufe zu einem Finger und den Rest des Chenilledrahtes zum Arm. Kürze den Chenilledraht auf 5 cm Armlänge (ohne Finger). Knicke für jedes Bein einen grünen Chenilledraht in der Mitte. Forme drei je 5 cm lange Schlaufen. Verzwirbele den Rest des Chenilledrahtes. Kürze ihn auf 10 cm Beinlänge. Klebe Arme und Beine entsprechend der Abbildung an den Körper.

MAUSI

Bastle einen kleinen und einen großen roten Pompon. Klebe den Kopf auf den Körper. Schneide drei je 11 cm lange Baststücke als Schnurrhaare zu und verknote sie in der Mitte. Klebe die Wackelaugen, die Schnurrhaare, die Moosgumminase, die Moosgummiohren und die Plüschpompons als Pfötchen entsprechend der Abbildung auf. Rolle ein 22 cm langes Chenilledrahtstück zu einem leicht gebogenen Schwänzchen und befestige es an der Rückseite der Maus.

Motivhöhe

ca. 15 cm

Material Mausi

- Je 2 Pappringe, ø 8 cm/3 cm und ø 5,5 cm/2,5 cm
- Wolle in Rot
- 2 Wackelaugen, ø 15 mm
- Chenilledraht in Hellgrün
- Bast in Gelb
- Moosgummikreis, ø 10 mm, in Blau
- 2 Moosgummikreise, ø 50 mm, in Orange
- Je 2 Plüschpompons, ø 25 mm, in Blau und Gelb

Motivlänge
ca. 14 cm

Material pro Elefant

- 2 Pappringe, ø 8 cm/3 cm
- Wolle in Hell-, Mittel- und Dunkelblau (Lila)
- 2 Wackelaugen, ø 15 mm
- Chenilledraht in Königsblau, Stahlblau (Violett und Altrosa), Weiß und Rot
- Filzstift (um Rüssel- und Beinspiralen herzustellen)
- Zahnstocher

EMIL & ERNA ELEFANT

Die Angaben in Klammern beziehen sich auf den lilafarbenen Elefanten.

Umwickle die Pappringe beim Pomponbasteln zuerst dick mit hellblauer Wolle, dann abwechselnd mit mittel- und dunkelblauer Wolle (nur mit lilafarbener Wolle).

Für den Rüssel nimmst du ein 50 cm langes Stück Chenilledraht in Königsblau (Violett). Pro Bein benötigst du ein 25 cm langes Stück. Wickle die Chenilledrähte für Rüssel und Beine nacheinander eng um einen Filzstift. Ziehe die Spiralen vorsichtig ab. Für die Stoßzähne schneidest du zwei je 5 cm (8 cm) lange Stücke vom weißen Chenilledraht ab. Für das Maul brauchst du 3 cm vom roten Chenilledraht. Klebe nun entsprechend der Abbildung Augen, Rüssel, Stoßzähne und Maul an. Biege Stoßzähne und Rüssel in Form. Rolle pro Ohr einen stahlblauen (altrosafarbenen) Chenilledraht zu einer ovalen Schnecke in der Größe 5,5 cm x 4 cm. Befestige die Ohren mit Klebstoff seitlich am Gesicht. Schneide für den Schwanz ein 6 cm langes blaues (violettes) Chenilledrahtstück ab, befestige an einem Ende kurze Wollfäden und klebe den Schwanz hinten in den Pompon ein. Lege den Elefanten auf den Rücken und klebe die Beine fest.

Tipp
Stecke Zahnstocher in die Beine, dann stehen die Elefanten besser.

Motivhöhe

ca. 9,5 cm

Material

- 2 Pappringe, ø 5,5 cm/2,5 cm
- Wolle in Apricot und Rot
- Fransenwolle in Rosa
- 2 Wackelaugen, ø 5 mm
- Chenilledraht in Apricot
- Plüschpompon, ø 10 mm, in Rosa
- 2 Moosgummikreise, ø 3 cm, in Rosa
- 4 kleine Korken (z. B. von Flakons), 2 cm hoch
- Hellbraune Bastelfarbe
- Zwirn in Weiß

KLEINER LÖWE

Bastle einen apricotfarbenen Pompon. Wickle etwas Fransenwolle um den Kopf und fixiere die Enden mit Klebstoff. Für die Schnurrhaare nimmst du drei je 9 cm lange Zwirnfäden und bindest sie in der Mitte zusammen. Befestige die Moosgummiohren, die Augen, die Schnurrhaare, die Pomponnase und kleine Stücke von der roten Wolle als Maul im Gesicht. Male die Korken hellbraun an. Sobald die Farbe getrocknet ist, klebst du die Korken mit der dicken Seite nach unten am Bauch fest.
Für den Schwanz schneidest du 4,5 cm vom Chenilledraht und befestigst an einem Ende etwas Fransenwolle. Klebe den Schwanz am Hinterteil fest.

Motivhöhe

ca. 19 cm

Material

- Je 2 Pappringe, ø 8 cm/3 cm und ø 5,5 cm/2,5 cm
- Wolle in Türkis und Lila
- 2 Wackelaugen, ø 10 mm, mit blauen Pupillen
- Chenilledraht in Lila, Zitronengelb, Sonnengelb und Rot
- Flauschfeder in Lila

FRECHER KOBOLD

Bastle den kleinen Pompon einfarbig türkis.
Beim großen Pompon wickelst du in Abständen lila Wolle dazwischen. Befestige den Kopf auf dem Körper. Klebe die Wackelaugen, 2 cm vom sonnengelben Chenilledraht als Nase und ein 5 cm langes rotes Chenilledrahtstück, zickzackförmig gebogen, als Mund auf. Rolle zwei je 16 cm lange Stücke zitronengelber Chenilledraht schneckenförmig zu Kreisen mit einem Durchmesser von 3 cm. Fixiere die Ohren rechts und links am Kopf. Klebe die Flauschfeder als Haare auf. Schneide für die Arme je 7 cm vom lilafarbenen Chenilledraht zu. Wickle für die Finger an jedem Arm 3 cm vom Drahtende entfernt ein 7 cm langes Chenilledrahtstück auf und kürze alle Finger auf 3 cm Länge. Schneide pro Bein 13 cm lila Chenilledraht zu. Wickle für die Füße an jedem Bein 4 cm vom Drahtende entfernt ein 9 cm langes Chenilledrahtstück auf und kürze die Zehen auf 4 cm Länge. Befestige Arme und Beine entsprechend der Abbildung.

Motivhöhe

ca. 12 cm

Material

- Je 2 Pappringe, ø 8 cm/3 cm und ø 5,5 cm/2,5 cm
- Wolle in Lila
- 2 Wackelaugen, ø 20 mm
- Chenilledraht in Orange
- Tropfenförmige Moosgummistanzteile, 2 in Grün, 1 in Rot, 3 cm lang
- 2 ovale Moosgummistanzteile, 5,5 cm lang, in Blau

EULALIA

Bastle einen großen und einen kleinen lila Pompon. Befestige den Kopf auf dem Körper. Klebe Wackelaugen, Moosgummiohren, Schnabel und Flügel entsprechend der Abbildung auf. Biege drei je 4 cm lange Chenilledrahtschlaufen. Verzwirble den Chenilledraht um die Schlaufenöffnungen und kürze ihn auf 4 cm Beinlänge. Fertige den zweiten Eulenfuß ebenso und befestige beide auf der Unterseite der Eule.

KÄPT'N KUSCHEL,

der Außerirdische

Bastle für den Kopf einen kleinen Pompon in Grün. Für den Körper-Pompon umwickelst du die Pappringe zuerst dick mit gelber Wolle, darüber wickelst du grüne Wolle, dann pink, dann wieder grün und zuletzt gelb. Befestige den Kopf auf dem Körper. Biege ein 9 cm langes Stück orangefarbenen Chenilledraht zu einer Ziehharmonika. Klebe Mund und Wackelaugen auf. Wickle für die Antennen ein je 15 cm langes gelbes Chenilledrahtstück um einen dicken Pinsel oder Stift. Ziehe die Spiralen etwas auseinander und befestige an beiden Enden einen Metallicpompon. Befestige die Antennen mit Klebstoff am Kopf. Für die Hände und Füße biegst du je einen Chenilledraht zu drei je 4 cm langen Schlaufen (die erste Schlaufe entsteht in der Drahtmitte). Den restlichen Chenilledraht verzwirbelst du und steckst ihn in ein Crepla-Röllchen. Befestige Arme und Beine entsprechend der Abbildung.

Motivhöhe

ca. 22 cm

Material

- Je 2 Pappringe, ø 12,5 cm/5 cm und ø 8 cm/3 cm
- Wolle in Hellgrün, Gelb und Pink
- 2 Wackelaugen, ø 25 mm
- Chenilledraht in Gelb, Orange und Lila
- Dicker Pinsel oder Stift zum Aufrollen der Antennenspiralen
- 2 Metallicpompons, ø 25 mm, in Grün
- Je 2 Crepla-Röllchen in Gelb und Lila

DER WEIHNACHTSMANN KOMMT

Bastle zwei rote Pompons (ø 8 cm und ø 6 cm) für den Körper und einen apricotfarbenen Pompon (ø 4 cm) für den Kopf. Befestige die Pompons aufeinander. Schneide ein Büschel beigefarbene Wolle mit 13 cm Länge zu. Verknote das Büschel in der Mitte und klebe es als Haare auf. Rolle den Filz zur Tüte und fixiere die Naht mit Klebstoff. Schneide den unteren Rand gerade ab und umklebe ihn mit grünem Band (ca. 14 cm lang). Knicke den Zipfel zur Seite, befestige ihn mit Klebstoff und klebe einen weißen Plüschpompon an die Spitze. Befestige die Mütze auf dem Kopf. Klebe Augen, Nase und Bart an.
Für die Arme klebst du je zwei rote und einen weißen Plüschpompon hintereinander. Befestige die Arme und die schwarzen Pompons als Stiefel entsprechend der Abbildung. Lege dem Weihnachtsmann das blaue Band (ca. 21 cm lang) als Gürtel um und fixiere die Enden auf der Rückseite. Klebe die Moosgummiquadrate als Gürtelschnalle auf.

Motivhöhe

ca. 18 cm

Material

- Je 2 Pappringe, ø 8 cm/3 cm, ø 6 cm/2,5 cm und ø 4 cm/1,5 cm
- Wolle in Rot, Apricot und Beige
- 2 Wackelaugen, ø 10 mm
- Filz in Rot, 9 cm x 9 cm
- Plüschpompon, ø 7 mm, in Rot
- 3 Plüschpompons, ø 20 mm, in Weiß
- 4 Plüschpompons, ø 25 mm, in Rot
- 2 Plüschpompons, ø 25 mm, in Schwarz
- Watte
- Satinband in Grün und Blau
- Moosgummi, 2 cm x 2 cm, in Gelb und 1 cm x 1 cm, in Blau

COOLE SCHNEEMÄNNER

Die Angaben in Klammern beziehen sich auf den Schneemann mit dem blauen Schal.

Bastle einen kleinen, mittleren und einen großen weißen Pompon. Klebe die Pompons nach oben kleiner werdend übereinander. Schneide für die Nase ein spitz zulaufendes, 3 cm langes Stück Wellenchenilledraht zu. Klebe die Nase, die Wackelaugen, etwas rote Wolle als Mund und die Plüschpompons entsprechend der Abbildung auf. Rolle für die Ohrenwärmer zwei je 16 cm lange blaue (grüne) Chenilledrahtstücke schneckenförmig zu Kreisen mit 3 cm Durchmesser. Klebe ein 11 cm langes, pinkfarbenes (hellblaues) Stück Chenilledraht an die Innenseiten der Ohrenwärmer und setze sie dem Schneemann auf. Schneide den Filz an den schmalen Seiten fransig ein und binde dem Schneemann den Schal um. Stecke rechts und links Zweige als Arme ein.

Motivhöhe

ca. 18 cm

Material pro Schneemann

- Je 2 Pappringe, ø 8 cm/3 cm, ø 5,5 cm/2,5 cm und ø 4 cm/1,5 cm
- Wolle in Weiß und Rot
- 2 Wackelaugen, ø 10 mm
- Chenilledraht in Blau und Pink (Grün und Hellblau)
- Wellenchenilledraht in Orange
- Filz, 29 cm x 3 cm, in Himbeer (Hellblau)
- Je 2 Plüschpompons, ø 15 mm, in Rosa und Hellblau (Hellblau und Grün)
- 2 dünne Zweige

ENGEL

Bastle einen großen blauen Pompon und einen kleineren Pompon in Apricot. Fixiere den Kopf am Körper. Klebe die Wackelaugen, den Nasenpompon und etwas rote Wolle als Mund auf. Für die Haare schneidest du mehrere Geschenkbandstücke ab. Befestige das geringelte und gesplisste Band auf dem Kopf. Klebe die Brokatborte zuerst längs um den Pompon. Befestige dann noch etwas von der Borte zwischen Kopf und Körper. Male die Schuhe golden und die Hände pink an. Für die Arme klebst du zwei je 2 cm lange Flauschbandstücke zu Röhren zusammen. Stecke die Hände ein und fixiere sie mit Klebstoff. Befestige Arme, Beine, Flügel und Dekostern entsprechend der Abbildung. Klebe auf jeden Schuh einen Metallicpompon.

Motivhöhe

ca. 17 cm

Material

- Je 2 Pappringe, ø 8 cm/3 cm und ø 5,5 cm/2,5 cm
- Wolle in Blau, Apricot und R
- 2 Wackelaugen mit Wimpern ø 10 mm
- Plüschpompon, ø 7 mm, in R
- 2 Metallicpompons, ø 7 mm, in Blau
- Geschenkband in Rosa
- Splisser (um Geschenkbänder in feine Streifen zu zerteilen)
- Flügel in Gold, ca. 18 cm bre
- Flauschband weiß/gold, 4 cm breit
- 2 Holzschuhe, 35 mm lang
- 2 Holzhände, 25 mm lang
- Bastelfarbe in Gold und Pink
- Brokatborte in Gold/Blau
- Dekostern, ø ca. 3,5 cm